TEST DE COULEUR

Merci d'avoir choisi ce livre de coloriage.
J'espère que vous amuserez.

Joyeux *Noël*

Joyeux

Noël

Joyeux

Noël

Joyeux

Noël

Joyeux   Noël

Joyeux Noël

Joyeux

Noël

Joyeux

Noël

Joyeux

Noël

Joyeux Noël

Joyeux

Noël

Joyeux Noël

Joyeux

Noël

Joyeux

Noël

Joyeux
Noël

Joyeux

Noël

Joyeux

Noël

Joyeux

Noël

Joyeux

Noël